Herbarium der Gefühle

Ein begleitendes Handbuch
für psychisch belastete Mütter

PALOMAA
PUBLISHING

Für K.-Schm.-B.

Anna Aptus

Herbarium der Gefühle

Ein begleitendes Handbuch
für psychisch belastete Mütter

PALOMAA
PUBLISHING

Wichtiger Hinweis:
Alle Inhalte, Hinweise, Ratschläge und eventuelle Übungen in diesem Buch sind von der Autorin sorgfältig geprüft worden. Sie ersetzen jedoch nicht die persönliche Begleitung und Abklärung durch behandelnde Ärzt*innen oder Therapeut*innen. Bitte wende dich bei allen medizinischen Auffälligkeiten oder unklaren Symptomen direkt an deine Ärzt*innen oder Therapeut*innen. Dies schließt körperliche sowie seelische beziehungsweise mentale Symptome mit ein. Eine Haftung vonseiten der Autorin oder des Verlages wird ausdrücklich ausgeschlossen.

1. Auflage Januar 2024
www.palomaapublishing.de
Umschlag und Illustrationen im Buch: Rebecca Camen, Münster
Layout und Satz: Katja Rub, Leipzig
Verlag: Palomaa Publishing, Leipzig
Herstellung: BoD – Books on Demand, Norderstedt

ISBN Softcover: 978-3-949598-12-8
Dieses Buch ist auch als eBook erschienen unter der
ISBN: 978-3-949598-13-5

Bibliografische Information der Deutschen Nationalbibliothek:
Die Deutsche Nationalbibliothek verzeichnet diese Publikation in der Deutschen Nationalbibliografie; detaillierte bibliografische Daten sind im Internet über http://dnb.d-nb.de abrufbar.

50 % der Einnahmen der Autorin aus diesem Buch werden an ukrainische Hilfsprojekte gespendet.

Inhalt

Vorwort von Alina Steinberg

Viele Jahre wurde das Thema psychischer Belastung von Müttern tabuisiert. Aussagen wie „Kinder sind das wichtigste Frauenglück“ und „Elternzeit ist die schönste Zeit im Leben“ manifestierten ein Bild der restlos glücklichen Mutter. Gegenteilige Erfahrungen wurden verschwiegen oder verurteilt. Frauen fühlten sich dadurch allein mit ihren inneren Konflikten, Zweifeln, Überforderungs- und Schuldgefühlen. Zusätzlich glaubten sie, die Fassade einer guten Mutter aufrechterhalten zu müssen, was noch mehr Kraft kostete.

Die Geburt eines Kindes und das Mutterwerden sind tiefgreifende Lebensumstellungen, die sowohl sehr schön, als auch sehr herausfordernd sein können.

Häufig haben Frauen schwierige Geburtserfahrungen und müssen direkt im Anschluss nicht nur die unmittelbare Versorgung ihres Babys, sondern auch eine Vielzahl neuer Aufgaben leisten und Entscheidungen treffen. Ein Baby in Rund-um-die-Uhr-Verantwortung zu versorgen, Haushaltsaufgaben zu erledigen, eine Beziehung zum Partner aufrechtzuerhalten und sich um die eigenen Bedürfnisse zu kümmern, kann zu einem überwältigenden Gefühl der Erschöpfung führen.

Gleichzeitig erleben viele Mütter in dieser Zeit soziale Isolation und einen Verlust der Autonomie. Sie haben das Gefühl, dass sie den Großteil ihrer Zeit zu Hause verbringen müssten, sie könnten nicht mehr spontan und flexibel sein wie früher und müssten sich an die Schlafenszeit des Kindes anpassen. Sie haben keinen oder nur seltenen Kontakt zu anderen Erwachsenen. Dies führt häufig zu Gefühlen der Einsamkeit und des Verlusts der eigenen Identität.

Die finanzielle Belastung und Vereinbarkeit von Beruf und Familie ist eine weitere Herausforderung in vielen Familien. Von Müttern wird erwartet, dass sie nach der Elternzeit nahtlos in den Arbeitsmarkt zurückkehren und gleichzeitig nicht-erwerbsarbeitenden Müttern in nichts nachstehen. Sowohl die Entscheidung, länger zu Hause zu bleiben, als auch die Karriere voranzutreiben, kann zu einem inneren Konflikt führen und die Mutter unter Druck setzen.

Trotz all dieser Schwierigkeiten ist es wichtig zu betonen, dass Mutterschaft viele positive und wertvolle Erfahrungen bieten kann. Die Beziehung zu einem Kind aufzubauen und an seiner Entwicklung teilzuhaben, ist etwas ganz Besonderes und kann eine Quelle unendlicher Freude sein. Es ist wichtig, Unterstützung zu suchen und sich nicht zu scheuen, nach Hilfe zu fragen, um die Herausforderungen der Mutterschaft zu bewältigen und Raum für diese Freude zu schaffen.

Ich bin froh, dass sich Frauen heutzutage mehr trauen, offen über ihre Gefühle und Gedanken zu sprechen. Dieses Buch öffnet die Tür zu diesen wichtigen Themen und hilft den Müttern, den Fokus auf sich zu lenken, besser zu reflektieren und bei Bedarf die Entscheidung zu treffen, sich psychotherapeutische Hilfe zu suchen.

Psychotherapie bietet einen geschützten Raum, um über eigene Probleme, Gefühle, Gedanken, Sorgen und Zweifel zu sprechen. Patient*innen werden dabei von Psychotherapeut*innen immer ernst genommen und professionell, empathisch und wohlwollend begleitet.

Oftmals sind psychische Beschwerden wie Angststörungen, Depressionen oder Essstörungen Ausdruck von unbewussten Konflikten oder traumatischen Erlebnissen. Durch den Einsatz verschiedener therapeutischer Methoden werden diese Ursachen aufgedeckt und bearbeitet, um langfristige Verbesserungen zu erreichen.

Psychotherapie kann Menschen helfen, besser mit Belastung oder Stress umzugehen, Verluste zu verarbeiten oder Beziehungen zu verbessern. In der therapeutischen Beziehung haben Menschen die Möglichkeit, sich zu öffnen und sich selbst besser zu verstehen. Sie können dadurch ihre eigenen Stärken und Ressourcen entdecken und diese im Alltag gezielter einsetzen.

Patient*innen müssen bei sich im Vorhinein keine bestimmte Diagnose vermuten, um in Psychotherapie zu kommen. Entscheidend ist das Vorhandensein von Leidensdruck. Die Psychotherapeutin oder der Psychotherapeut nimmt sich Zeit, die Beschwerden zu analysieren, führt eine ausführliche Diagnostik durch und gibt eine Empfehlung für das weitere Vorgehen. Manchmal reicht eine Beratung über drei bis sieben Sitzungen, in anderen Fällen ist eine längerfristige Therapie nötig. Es werden gemeinsam mit den Patient*innen Therapieziele formuliert. Diese können dabei selbst entscheiden, woran sie arbeiten möchten und wann sie bereit sind, die Therapie zu beenden. Eine erfolgreiche Therapie ist daran erkennbar, dass es Patient*innen mit der Zeit wirklich besser geht: Sie können ihr Leben bewusst steuern, werden wieder aktiver und zufriedener.

Selbstfürsorge der Mutter ist ein wichtiger Beitrag zu einer gesunden Kindesentwicklung, denn jedes Kind braucht eine glückliche und ausgeglichene Mutter.

Alina Steinberg,
Psychologische Psychotherapeutin
im Oktober 2023

Vorwort von Sabine Surholt

Dieses Buch ist eine praxisbezogene und gut verständliche Hilfe für Mütter, die rund um die Entbindung psychische Probleme bekommen. Davon sind etwa zehn bis fünfzehn Prozent, also etwa hunderttausend Mütter jährlich in Deutschland betroffen. Trotzdem sind diese Erkrankungen nach wie vor ein Tabuthema, auf das die jungen Mütter kaum vorbereitet werden.

Dass es häufig nach der Entbindung zum Babyblues kommt, der vor allem durch die Hormonumstellung hervorgerufen wird und mit Traurigkeit und häufigem Weinen verbunden ist, ist den meisten Müttern bekannt. Wenn aber die Traurigkeit länger als zwei Wochen nach der Geburt anhält und neben Traurigkeit auch Erschöpfung, Schuld- und Versagensgefühle, Konzentrations- und Schlafstörungen, psychosomatische Beschwerden, Ängste, Panikattacken, Zwangshandlungen oder zwiespältige Gefühle dem Kind gegenüber hinzukommen, dann sind das alles Symptome, die für eine postpartale (lateinisch: post = nach, partus = Niederkunft) psychische Erkrankung der Mutter sprechen und die der Hilfe und Behandlung bedürfen. Manchmal treten diese Symptome auch schon während der Schwangerschaft, also vor der Entbindung (praepartal) auf.

Man unterscheidet die peripartale (= rund um die Entbindung auftretende) Depression, Angststörung, Zwangsstörung oder Psychose, je nachdem, welche Symptome vorherrschend sind. Die verschiedenen Krankheitsbilder lassen sich häufig nicht voneinander trennen, und es treten auch oft nur einzelne Symptome auf. Da diese Erkrankungen aber ein Tabuthema sind, empfinden die Mütter sie als persönliches Versagen. Sie glauben, die einzigen Mütter zu sein, die mit der neuen Rolle nicht zurechtkommen, und versuchen daher, so lange wie möglich dem in den Medien verbreiteten Bild der glücklichen und strahlenden Mutter zu entsprechen. Deshalb spricht man im englischen Sprachgebrauch auch von der „Smiling Depression". Durch diesen Umstand wird wertvolle Zeit verloren, die Heilung hinausgezögert und der Leidensweg verlängert.

Aber mithilfe des vorliegenden Buches können die Mütter ihre Symptome schneller erkennen, erfahren erste Selbsthilfe-Tipps und werden über weiterführende Hilfsangebote informiert. Es gibt mittlerweile zahlreiche Hilfen, die die Mütter nutzen können, wie zum Beispiel kostenfreie Telefonberatung, (Online-)Selbsthilfegruppen, spezialisierte Fachleute, ambulante und stationäre Therapieangebote und vieles mehr.

Und die Prognosen für eine baldige und vollständige Genesung sind sehr gut, sodass die Mütter ihr Leben mit ihren Kindern wieder werden genießen können. Das wünsche ich allen betroffenen Müttern und ihren Familien!

Sabine Surholt,
1. Vorsitzende der bundesweiten Selbsthilfe-Organisation
Schatten & Licht e. V. –
Initiative peripartale psychische Erkrankungen
im Oktober 2023

Einleitung

Als ich Mutter wurde, ist nicht auf einmal mein Instinkt erwacht und hat mich automatisch zur erfüllten Mutter gemacht. Im Gegenteil – es fiel mir sehr schwer, in die neue Rolle als Mutter hineinzuwachsen. Lange Zeit ging es mir damit nicht gut. Ich überlegte, woran das liegen könnte. Als „Junge-Mutter-Störung" kannte ich bis dahin nur postpartale Depressionen (Wochenbettdepressionen), aber die Symptome der Wochenbettdepression passten nicht zu meinen. Ich empfand eher einen dicken Knoten aus Schuld, Druck, Überforderung und Verzweiflung. Außerdem fand ich, dass ich nur mit einer ernsthaften Diagnose (bereits vorab von mir selbst dank *Google* gestellt) zur Psychotherapie dürfe. Ich hatte Angst, dass mein „Mir geht es mit dem Muttersein nicht gut" nicht schlimm genug für einen Psychotherapieplatz sein würde. Ich hatte Angst, in einer kurzen ersten Sitzung nicht erklären zu können, was mit mir los ist, denn wenn ich meinen Zustand beschreiben wollte, kamen aus meinem Kopf immer wieder Fragen wie „Ist das noch normal?" oder „Geht es nicht allen so?". Ich hätte mir gewünscht, schneller einschätzen zu können, ob meine Situation noch als „normal" zu bewerten ist oder ob eine professionelle therapeutische Begleitung vielleicht genau das Richtige für mich wäre.

Ich möchte, dass auch andere Mütter schneller erkennen können, wenn etwas in ihrer Situation nicht stimmt. Dafür muss mehr über psychische Probleme von Müttern bekannt werden. Und genau das möchte dieses Buch leisten.

Ich habe für dieses Buch in wissenschaftlichen Publikationen recherchiert und meine Quellen und Ergebnisse mit mehreren ausgebildeten Psycholog*innen diskutiert. Ich wollte sichtbar machen, welche psychischen Störungen, die mit dem Muttersein verbunden sind, bereits beschrieben sind. Ich hatte jedoch die Befürchtung, dass eine bloße Auflistung dieser Störungen vielleicht dazu führen kann, dass Mütter entmutigt werden, sich Hilfe zu suchen, wenn sie sich in einer abschließenden Liste von „Mutter-Diagnosen" nicht wiederfinden. Ich habe darum beschlossen, mich auf die Symptome oder Anzeichen (diese beiden Worte werden im Buch als Synonym verwendet) einiger bekannter „Mutter-Diagnosen" zu konzentrieren. Da Symptome im Gegensatz zu Diagnosen viel konkreter und kleinteiliger sind, hoffe ich, dass sich betroffene Mütter darin leichter wiederfinden.

Da dieses Buch in erster Linie für Mütter ohne psychologische Ausbildung geschrieben ist, habe ich auf medizinische Ausdrücke verzichtet und stattdessen versucht, Beschreibungen zu nutzen, die nachfühlbar sind und einen Bezug zur Mutterrealität haben. Viele dieser Formulierungen stehen in Anlehnung an Aussagen, die ich (online oder offline) von betroffenen Müttern gehört habe.

Ich habe das Buch als Betroffene auf Grundlage meiner Erfahrungen und Recherche geschrieben. Es ist kein wissenschaftliches Diagnosehandbuch. Vielmehr ist es der Versuch, das breite Spektrum psychischer Probleme zu beleuchten, die in der Mutterschaft auftreten können. Im ersten Teil dient meine persönliche Erfahrung der ersten Mutterjahre als Beispiel. Mir ist es wichtig, die Geschichte eines schwierigen Starts ins Muttersein zu repräsentieren und weiter Hemmungen abzubauen, offen mit diesem Thema umzugehen. Und ich möchte Hoffnung geben, dass es wirklich besser werden kann. Der zweite Teil soll dich dabei unterstützen, deinen Zustand einzuschätzen. Das Buch soll Raum geben, deine Gefühle zu deiner Mutterschaft anzuerkennen und in ihrer ganzen Palette zuzulassen.

Ich glaube, ich kann immer nur für mich sprechen. Unsere Erfahrungen sind stets einzigartig. Trotzdem hoffe ich, dass etwas aus meiner Geschichte auch andere weiterbringt. In erster Linie kann ich vermuten, dass es andere Mütter geben kann, die in ähnlichen Situationen sind oder waren. Damit meine ich nicht nur cis-Frauen in heteronormativen Beziehungen, sondern alle Personen, die in großer, langfristiger Verantwortung für ein Kind stehen oder standen. Also Mütter, Väter, Tanten, Onkel, Großeltern und viele andere Menschen (unabhängig davon, ob sie blutsverwandt sind oder nicht) – einfach Personen mit Sorgeverantwortung. Da ich als Mutter über Mütter (und gleichzeitig auch über alle anderen Versorgenden von Kindern) schreiben möchte, benutze ich im Buch „Mütter" als Ausdruck für eben diese Personen.

Bitte beachte, dass sich die wissenschaftlichen Quellen, die ich verwendet habe, bis jetzt leider größtenteils auf „Mütter“ beziehen (ohne genauer zu beschreiben, wer damit gemeint ist). In neuerer Forschung werden aber immerhin mittlerweile häufig „Eltern“ untersucht.

Das Buch richtet sich an alle Mütter: Mütter von Kleinkindern und von erwachsenen Kindern, Mütter von Einzelkindern und in Großfamilien, Mütter von biologischen, adoptierten und von Pflegekindern, Mütter, die allein oder in einer Partnerschaft erziehen, Mütter, die in ihrem Herkunftsland oder fern davon erziehen, Mütter von neurotypischen Kindern oder von Kindern mit Behinderungen, Mütter, die selbst nicht-neurotypisch sind oder eine Behinderung haben sowie Mütter von Sternenkindern.

Ich vermute, du bist hier, weil es dir als Mutter nicht gut geht. Ich weiß, wie wenig Zeit du für dich hast und wie viele Dinge du in dieser Zeit eigentlich machen willst oder musst. Du kannst gern nur die Abschnitte lesen, die dir helfen, und andere überspringen. Zusätzlich ist das Buch illustriert, denn ich glaube, dass Mütter, genauso wie ihre Kinder, Bücher verdienen, die schön anzusehen sind. Ich hoffe, es ist für dich das Buch, das ich gebraucht hätte, als ich Mutter wurde.

Anna Aptus
im September 2023

Meine Geschichte

1

Mit einundzwanzig wäre ich beinahe eine gute postsowjetische Braut geworden. Mein Lebensplan war es, nach dem Bachelor noch ein paar Jahre mit meinem damaligen werttraditionellen Freund zusammenzuleben, bevor wir heiraten und viele Babys machen würden, die ich dann in unserem schönen akademischen Zuhause großziehen würde. Zum Glück aber hatte ich seit der Grundschule zwei Freundinnen, in deren Welt Menschen nach dem Abitur planlos ein Jahr nach Neuseeland gingen, sich zum Müll-Rausbringen nicht schminkten und auch nicht danach strebten, bei *Daimler* unterzukommen. Irgendwann erkannte auch ich mich in der Idee vom linearen Uni-Hochzeit-Haus-Kinder-Auto-Fließbandleben nicht mehr wieder und trennte mich vom Freund und gleichzeitig vom „guten postsowjetischen Mädchen“ in mir. Ich setzte die Pille ab, traf karriereferne Entscheidungen und fand einen Lebensstil, der zu meinen Bedürfnissen passte und mich glücklich machte.

In den zehn Jahren seit dieser Trennung lernte ich mich losgelöst von den Erwartungen meines Umfelds kennen. Ich erlaubte mir, meine Grenzen zu schützen und mir Alleinzeit als Unterbrechung vom ständigen Alltagsinput einzuräumen. Vor ein paar Jahren dann bin ich in einer gleichberechtigten Beziehung mit einem neuen, wundervollen Partner schwanger geworden. Ein Kind ist im System meiner postsowjetischen Erziehung automatisch das Beste, was dir im Leben passieren kann, denn andernfalls hast du es als Frau nicht geschafft. Abweichende Lebensinhalte sind lediglich Zeitfüller, bis du endlich Mutter wirst. Früher war mein Leben mit einer spezifischen seelischen Leere ausgestattet, die nur mit einem Kind gefüllt werden konnte. In meinem selbstgewählten Leben gab es diese kindsgroße Leere nicht. Ich habe meine Tochter aus Liebe und Abenteuerlust bekommen, nicht weil mir vorher etwas gefehlt hat.

In der Schwangerschaft machten mein Magen und die anderen Organe Platz für die wachsende Gebärmutter in mir. Gleichzeitig stellte sich mein Leben, wie ich es kannte, immer mehr auf Pause. Ich dachte, diese Verschiebung würde mir – wie anderen Müttern – ab der Geburt automatisch leichtfallen. Aber als meine Tochter dann auf der Welt war, verwandelte ich mich nicht plötzlich in eine Vollblut-Mama, deren Bedürfnisse auf magische Weise deckungsgleich mit den Bedürfnissen ihres Kindes sind. Ich war dieselbe Person wie vorher, die zusätzlich eine schwere Geburt durchlebt und jetzt ein Kind hatte. Ich hätte Zeit zum Heilen gebraucht, stattdessen spürte ich mehr Leistungsdruck als je zuvor. Ich schämte mich, nicht auf dem hormonellen High zu schweben, und traute mich nicht, das jemandem zu erzählen. Ich fühlte mich schuldig und hatte Angst um meine Tochter, weil sie eine Mutter hatte, die bei ihrem Anblick nicht vor Glück strahlte. Bei der Rückbildung durften meine Organe langsam an ihren Platz zurückkommen. Für mich als Person schien das nicht vorgesehen. Ich fragte andere Mütter, wie sie dieses neue Leben durchhielten. Ich sei eine gute Mutter, antworteten sie. Das war aber gar nicht meine Frage.

2

In den zehn Jahren vor der Geburt meiner Tochter lernte ich, meine persönlichen Grenzen zu verteidigen. Mein Körper und meine Zeit gehörten mir. Doch jetzt galt es als unmütterlich, zwischen meiner Tochter und mir Grenzen ziehen zu wollen. Als hätte ich kein Recht darauf, mich selbst nicht komplett mit ihr zu teilen. Meine Brust stand immer zum Stillen zur Verfügung, mein Schlaf war nur ein Nebenprodukt ihres Schlafs. Nur noch die Einzelteile von mir waren wichtig, die stillten, wickelten und trösteten. Jeden Abend war ich übererschöpft und wie erdrückt von Nähe und Sorge; ich wollte mich dann nicht noch weiter kümmern, selbst wenn es diesmal um mich ging.

Andere Mütter schienen die Schmerzen und Einschränkungen während und nach der Geburt verdrängen zu können, jedenfalls hörte ich wenig Gegenteiliges. Ich selbst spürte sie in jeder Bewegung und Entscheidung. Ich wünschte mir, nicht so klar wahrzunehmen, wie der Schlafmangel mich verzweifelte oder dass das Stillen meinen Tagesablauf, mein Erscheinungsbild und meine Ernährung diktierte. Die endlosen Hinweise auf die Vorteile von Muttermilch, überhaupt auf die Unersetzlichkeit der Mutter, stellten sicher, dass ich nicht aus dem

Gleichschritt fiel und meine Tochter kaum länger als ein paar Minuten „allein" ließ, nicht einmal mit ihrem eigenen liebevollen Vater.

Ich riss alle Verantwortlichkeiten und Aufgaben an mich, denn ich hatte das Gefühl, als Mutter zu versagen, wenn ich nicht ständig 100 Prozent leistete. Die ohnehin kritische Stimme in meinem Kopf vermischte sich mit ungefragten Kommentaren wie „Als Frau fällt dir das ja leicht" und „Dein Mann ist hier der Held". Wenn ich beim Duschen hörte, wie meine Tochter weinte, warf ich mir vor, schöne Haare seien mir wichtiger, als meinem Kind Sicherheit zu geben. Den Haushalt glaubte ich ebenfalls allein erledigen zu müssen, ich ging ja nicht zur Arbeit. Es fiel mir gar nicht auf, dass ich in genau die Mutterrolle zurückfiel, die ich nie wollte. Alleinzeit, die ich regelmäßig brauche, um meinen Alltag zu verarbeiten, betrachteten andere Mütter in meiner Umgebung als Luxus – sie sagten, ich verlange zu viel. Meine Tochter schien untrennbar von mir, fast noch mehr als in der Schwangerschaft. Das überforderte mich so stark, dass ich mich manchmal selbst sabotierte. Ich hoffte, dadurch würde endlich sichtbar, wie unmöglich das alles zu schaffen war, und dass mich jemand in mein altes Leben entlassen würde.

3

Irgendwann wurde mir klar, dass mein Zustand nicht mehr gesund war. Ich fing eine Psychotherapie an und akzeptierte nach und nach meinen eigenen „unperfekten“ Mutterstil. Ich bin phasenweise immer noch erschöpft und gereizt, aber ich verurteile mich nicht zusätzlich dafür.

Ich habe mir aus der Geburtsstation meine Krankenakte zu den Tagen vor, während und nach der Entbindung schicken lassen, das alles nochmal durchlebt und als Teil meiner Geschichte akzeptiert.

Mittlerweile habe ich andere Eltern gefunden, die es auch schwierig finden, dem eigenen Kind und sich selbst gerecht zu werden. Das beruhigt mich. Ich fange an, wieder liebevoll zu mir selbst zu sein und mich nicht als bloßes Betreuungsinstrument zu behandeln. Ich lese Bücher, die nichts mit Kindern zu tun haben, verbringe ohne meine Tochter Wochenenden bei Freundinnen und mache mehr Dinge einfach zum Spaß. Je mehr ich mich selbst umsorge, desto harmonischer und lustiger verbringen wir unsere gemeinsame Zeit. Meine Verzweiflung lichtet sich und lässt mir endlich Raum zu spüren, wie sehr mir dieser einzigartige, wunderbare kleine Mensch am Herzen liegt. Es macht mich aber auch traurig, dass ich das nicht sofort spüren konnte.

Teilweise ertappe ich mich noch bei Widersprüchen: An schlechten Tagen finde ich meine Bedürfnisse zu egoistisch. Gleichzeitig bin ich enttäuscht davon, wie wenig feministisch ich mein Leben als Mutter ausrichte. Aber insgesamt werde ich entspannter mit der aufopferungsvollen Mutter und der radikalen Feministin in mir. Mein Partner und ich brechen aus dem Teufelskreis aus, Aufgaben immer der Person zuzuteilen, die sich darin besser auskennt. Die meisten Themen sind jetzt fair aufgeteilt und einige sind komplett von meiner Liste verschwunden. Unmütterlich fühle ich mich deshalb nur noch ab und an. Meine Tochter wird kein glücklicherer Mensch, wenn ich alle To-Dos abarbeite, dabei aber unglücklich und gehetzt bin. Ich lasse jetzt Dinge öfter unerledigt und orientiere mich an einem „gut genug". Wenn zwischen mir und dem Ausruhen auf der Couch eine lange Liste steht, frage ich mich, ob ich in ein paar Jahren noch wissen werde, dass es in dieser Woche viermal Nudeln gab. Lautet die Antwort „Nein", lege ich mich hin.

Manche Dinge aus meinem früheren Leben, wie große Reisen, ausufernde Festivals oder viele Sozialkontakte, sind in unserer Familie in absehbarer Zeit einfach nicht realistisch. Auch in meiner Karriere habe ich aufgehört, von mir zu erwarten, gleichzeitig für ein kleines Kind da zu sein und mit Kolleg*innen ohne Kinder um Prestigeprojekte zu konkurrieren. Dafür habe ich später noch Jahrzehnte Zeit, wenn ich darauf Lust habe. Dass diese Priorisierung nicht dem Powerfrau-Ideal entspricht, ist mir klar, aber irgendwie auch egal.

Ich kann und möchte nicht mit meiner Tochter verschmelzen. Stattdessen will ich ihr durch meine Grenzziehung beibringen, ihre eigenen Grenzen zu finden und zu schützen.

Wenn ich ehrlich bin, gab es auch vorher in meinem Leben Dinge, die nicht gut liefen. Trotzdem habe ich nach der Geburt unfairerweise angefangen, Schwierigkeiten mit meinem Muttersein zu verbinden. Mittlerweile kann ich das klar trennen. Nach wie vor aber flackert meine größte Angst auf: dass meine Tochter sich weniger geliebt fühlt, wenn sie merkt, dass ich mein Leben nicht komplett nur ihr widme. Ihr Platz in meinem Leben ist nicht unbegrenzt, aber ich hoffe, sie fühlt sich darin sehr gewollt und zu Hause. Vielleicht lernt sie dadurch sogar, dass sie sich nicht aufgeben muss, wenn sie sich irgendwann selbst dazu entscheidet, Kinder zu haben.

4

In meinem Fall war Psychotherapie der Wendepunkt. Ich meine damit aber nicht, dass ich krank war und darum die Mutterrolle so schwierig fand. Ich denke, es ist genau andersherum: Die Erwartungen, die an Versorgende von Kindern gestellt werden, können krank machen. Erst im Nachhinein wurde mir klar, wie fest sich das künstliche Bild der Mutter, die sich gern aufopfert und sonst kaum Eigenschaften oder Interessen hat, aus Werbeplakaten, Filmen und Serien in meinem Kopf verankert hatte. Trotz meiner feministischen Einstellung maß ich mich an ihnen. Auch die Mütter, die auf Social Media darüber scherzten, dass ein Toilettengang ohne Kind ihre Wellness sei oder sie den Tag (jeden Tag) nur schaffen, wenn sie mittags anfangen Wein zu trinken oder Gras zu rauchen (siehe #winemoms) schienen zu normalisieren, dass Mütter überlastet sind, ohne daran etwas zu ändern.

Auch schlimme Erfahrungen in der Schwangerschaft, während der Geburt oder in der Zeit danach, die unverarbeitet bleiben, können sehr belastend sein. Gleichzeitig kann es sein, dass eine Eigenschaft (zum Beispiel ADHS oder Hochsensibilität beziehungsweise Sensory Processing Sensitivity) schon vorher da war, aber durch Maskierungsstrategien* oder Bewältigungsstrategien* unsichtbar blieb. Wenn als Mutter dann nicht mehr genug Zeit oder Flexibilität besteht, sich so an gesellschaftliche Normen anzupassen, können diese Eigenschaften sichtbar werden.

Das „Irgendwann wurde mir klar, dass mein Zustand nicht mehr gesund war“ hat bei mir über zwei Jahre gedauert. Manchmal haben mich zwar Freundinnen vorsichtig gefragt, ob ich nicht einfach eine postpartale Depression hätte und eine Psychotherapie vielleicht helfen würde. Meine Gefühle passten aber kaum zu den Symptomen einer postpartalen Depression aus meinen nächtlichen Internetrecherchen. Ich fühlte mich nicht einmal „genug“, um zu den „postpartum Depression-Müttern“ zu gehören.

Ich wollte Hilfe, aber ich wusste nicht genau, welche. Ich wusste nicht, ob meine Schwierigkeiten noch „normal“ sind und ab wann mein Zustand „schlimm genug“ für Anspruch auf professionelle Unterstützung in irgendeiner Art wäre. Immer wieder nahm ich mir vor, mich einfach zusammenzureißen. Trotzdem schien sich mein Leben durch „Andere Mütter schaffen das auch“ nicht magisch zu verbessern.

In der Krabbelgruppe habe ich zuerst als Andeutung gefragt, ob Muttersein als Ganzes den anderen auch so schwer falle. Die Kursleiterin gab mir als Antwort Tipps zum Wickeln und Stillen. Bei meiner Frauenärztin sagte ich direkt, dass es mir nicht gut ginge und ich bei Gedanken an die Geburt weinen müsse. Sie empfahl, mir mal einen Wellnessabend zu gönnen und meine Geburtsnarbe mit einer schönen Creme zu pflegen. Nach diesen Versuchen war ich monatelang entmutigt. Ich hatte das Gefühl, dass wohl nichts an meinen Aussagen auffällig war und ich akzeptieren müsste, dass das für Sorgepersonen einfach normal ist. Schließlich sahen die Frauenärztin und die Kursleiterin Hunderte Mütter, sie hätten mir bestimmt etwas Ernsthafteres geraten, wenn mein Problem echt wäre.

Hätte ich gewusst, dass es eine ganze Familie an ernstzunehmenden postpartalen Störungen (und anderen psychischen Problemen im Muttersein) gibt und dass es abgesehen davon als Grund vollkommen ausreicht, wenn es dir einfach nicht gut geht, um nach Hilfe zu suchen beziehungsweise eine Psychotherapie zu machen, hätte ich vielleicht nicht erst nach zwei Jahren aus meinem Zustand herausgefunden. Ich hätte mich vielleicht schneller mit meinem Problem verstanden und gesehen gefühlt und vielleicht sogar (im Internet oder live) andere Menschen gefunden, denen es ähnlich geht.

Erst als der Leidensdruck im Alltag viel größer wurde als alle meine Bedenken (als weder der Umzug in eine schönere Wohnung noch der langersehnte Jobwechsel etwas an meiner Gefühlslage änderten), fing ich an, Hilfe zu suchen. Ich habe mehrere Coachings ausprobiert, das war aber irgendwie nicht richtig. Als es dann mit einer Psychotherapeutin und Familienpsychologin schließlich geklickt hat, war es eine große Erleichterung. Ich hatte das Gefühl, bei meiner Psychotherapeutin geborgen zu sein, und habe mich getraut, mit ihr zusammen langsam den Knoten aus Schuld, Druck, Überforderung und Verzweiflung zu entwirren. Ich stellte mir mein Problem als eine Burg vor, mit Kerkergewölben und Burggraben und komplizierten Systemen, die sich gegenseitig verstärken, um mich endlos gefangen zu halten. Ich hatte Angst, was passieren würde, wenn wir anfingen, alles auseinanderzunehmen, ich die Kontrolle verlieren und die Burg über mir zusammenfallen würde. Mit meiner Psychotherapeutin fühlte ich mich sicher. Ich wusste, sie würde mich in einer Sitzung immer nur so weit an meine Themen heranführen, wie ich es verkraften konnte. Sie gab das Tempo vor: Mal entwarf sie mit mir einen Fluchtplan aus den Kerkern, mal warf sie den Krokodilen im Burggraben ein Stück Wurst zu. Langsam kamen wir voran. Das große Thema (in meinem Fall die schwierige Geburt) betraten wir erst am Schluss, als ich bereit war, die Burg zu sprengen, weil ich mithilfe meiner Psychotherapeutin längst nicht mehr darin lebte.

* *Maskierungsstrategien beschreiben das Verbergen oder Unterdrücken der eigenen Gedanken, Gefühle oder Schwierigkeiten, um „normaler" zu erscheinen oder den gesellschaftlichen Erwartungen zu entsprechen.*

* *Bewältigungsstrategien beschreiben Techniken oder Handlungen, die einer Person helfen, Stress zu verringern, eigene Gefühle zu regulieren und schwierige Situationen besser zu bewältigen.*

Über dieses Buch

Ich möchte, dass andere Mütter oder Kindsversorgende schneller erkennen können, wenn etwas in ihrer Situation nicht stimmt. Ich möchte, dass du für dich erkennst, wann du dir Hilfe holen solltest.

Ich habe recherchiert, welche Themen, die bei Müttern oder Eltern vorkommen (wie Depression, Posttraumatische Belastungsstörung oder ADHS) bereits beschrieben sind. Ich habe die Symptome und Anzeichen gesammelt und für dich beschrieben. Die Beschreibung dieser Symptome stützt sich auf wissenschaftliche Publikationen wie das *AMDP*, das seit vielen Jahren in Kliniken unter anderem in Deutschland, der Schweiz und Österreich zur standardisierten Erfassung und Dokumentation von psychopathologischen Befunden genutzt wird. Der Fokus liegt hier auf den Anzeichen von psychischen Störungen, weil sie es sind, die helfen, den eigenen Zustand zu erkennen und zu benennen.

Da ich denke, dass eine sinnvolle Diagnose nur im Gespräch mit ausgebildeten Psychotherapeut*innen erfolgen kann, habe ich die Diagnosen selbst hier nicht aufgezählt. Da dieses Buch in erster Linie für Menschen ohne psychologische Ausbildung geschrieben ist, habe ich auf medizinische Ausdrücke verzichtet und stattdessen die Symptome beschrieben und versucht, Beispiele aus dem Elternkontext zu formulieren. Viele dieser Formulierungen stehen in Anlehnung an Aussagen, die ich (online oder offline) von betroffenen Müttern gehört habe. Im nächsten Kapitel findest du sowohl Beschreibungen der Symptome der klassischen „Postpartum"-Themen als auch Symptome, die zu folgenden beiden Kategorien gehören:

1. Themen, die vielleicht vorher schon da waren (zum Beispiel ADHS oder Hochsensibilität beziehungsweise Sensory Processing Sensitivity), die mit verschiedenen Bewältigungs- und Maskierungsstrategien vorher unsichtbar blieben. Gibt es auf einmal keinen Raum mehr für diese Strategien, können diese Eigenschaften zu Problemen im Alltag und dadurch erst sichtbar werden.

2. Themen, die sowohl Ursache als auch Folge der Belastung in der Mutterschaft sein können (wie Angststörungen, Depressionen, Zwangsstörungen, Alkoholmissbrauch, Schlafstörungen).

Die Liste erhebt keinen Anspruch auf Vollständigkeit. Es geht mehr darum zu zeigen, dass bereits sehr viele Schwierigkeiten bekannt sind und sie alle ernst genommen werden. Sie soll dir helfen, für Dinge, die für dich möglicherweise Realität sind, einen Begriff zu finden. Viele dieser Zustände sind phasenweise normal. Kommen sie bei dir jedoch häufig oder extrem vor, kann das ein Zeichen sein, dass etwas im „du + dein

Kind + eure Lebenssituation-Kosmos“ nicht in Ordnung ist.

Im *AMDP* wird als Kriterium zur Einschätzung dafür, „wie schlimm es ist“, nach Leidensdruck und Beeinträchtigung bewertet. Leidensdruck beschreibt, wie du die Belastung durch ein Symptom erlebst. Beeinträchtigung beschreibt, ob du durch ein Symptom im Alltag (zum Beispiel im Bereich deiner familiären, häuslichen oder beruflichen Aufgaben, sozialer Kontakte oder persönlichen Beziehungen) eingeschränkt wirst. Wenn du dich in einem Symptom wiederfindest, ist es nicht zentral, ob du das Symptom pausenlos erlebst.

Wichtiger sind folgende Fragen:

Inwiefern fühle ich mich dadurch belastet?

Welche Einschränkungen erlebe ich dadurch in meinem Alltag?

Unabhängig davon, wie deine Antworten ausfallen, heißt das natürlich nicht, dass etwas mit dir nicht stimmt (oder du schuld bist). Die Zustände, die hier beschrieben sind, werden immer durch etwas ausgelöst. Im ersten Schritt geht es darum, diese Zustände zu erkennen und als Warnsignal zu deuten, das sagt: Hier stimmt etwas nicht. Mindestens eine Person in diesem Haushalt (beispielsweise du) fühlt sich in der aktuellen Konstellation nicht gut. Im nächsten Schritt muss dann eine Veränderung her, die dazu führt, dass es dir besser geht und dadurch die Symptome deutlich seltener (oder nicht mehr) ausgelöst werden.

Die Anzeichen, die im nächsten Abschnitt genannt werden, sind grob zu ähnlichen Themen zusammengefasst. Das heißt aber nicht, dass Anzeichen, die in Nachbarschaft zueinander genannt sind, auch unbedingt alle zusammengehören oder bei dir zusammen auftreten müssen.

Lies dir die folgende Übersicht in Ruhe durch und höre auf dein Bauchgefühl, ob du dich irgendwo wiedererkennst. Es geht dabei nicht um die Punktzahl, die bestimmt, ob dein Problem schon schlimm genug für externe Hilfe ist. Jedes einzelne dieser Beispiele ist in Kombination mit deinem Gefühl, dass etwas nicht stimmt, „wichtig genug", um nach Hilfe zu suchen.

Inhaltswarnung

Das Kapitel „Mögliche Symptome“ umfasst sensible Inhalte zu Essstörungen, Alkoholmissbrauch, Sucht, Depression, Selbstverletzung und Suizidgedanken. Wenn du das Gefühl hast, dass dir das Lesen dieser Themen zusetzen kann, sei bitte besonders achtsam mit dir und lies nur so weit, wie es für dich in Ordnung ist. Du erkennst jeweils an der Überschrift, worum es im nachfolgenden Abschnitt geht. Alternativ kannst du auch direkt zum Kapitel „Gedanken zur Psychotherapie“ springen. Es ist auch ohne das Kapitel „Mögliche Symptome“ gut verständlich.

Mögliche Symptome

Es folgen nun verschiedene Symptome, die dich möglicherweise belasten. Überlege kurz zu jedem Symptom:

> **Inwiefern fühle ich mich in diesem Bereich belastet?**

> **Welche Einschränkungen erlebe ich dadurch in meinem Alltag?**

Wenn du merkst, dass du dich in einem Bereich stärker belastet fühlst und/oder Einschränkungen im Alltag erlebst, die du nicht möchtest, ist es ein Anzeichen dafür, dass du von professioneller Hilfe profitieren könntest.

Wut
Schuldgefühle &
Scham
Traurigkeit
Unausgeglichenheit

Schuldgefühle und Scham

Du hast Schuldgefühle oder Scham in Bezug auf dein Kind beziehungsweise auf dich als Mutter.

Das kann sich so anfühlen:

- Du hast ein schlechtes Gewissen.
- Du denkst, dass dein Kind eine bessere Mutter verdient hätte.
- Du hörst in den Aussagen anderer sehr viel harte Kritik zu dir und deinem Muttersein oder kritisierst dich selbst hart.
- Du teilst mit Menschen nur selten oder nie die komplette Wahrheit darüber, wie es dir mit deinem Kind geht, weil du dir sicher bist, dass deine Gedanken und Gefühle schlimm sind.
- Du bist dir sicher, dass du eine schlechte/die schlechteste Mutter bist.

Traurigkeit

Du hast eine gedrückte Stimmung, nichts bringt dir Freude.

Das kann sich so anfühlen:

- Du fühlst dich häufig traurig, unglücklich oder deprimiert und weinst oft.
- Du fühlst dich ständig überfordert und hilflos, dir ist alles zu viel.
- Du verstehst nicht, wie andere das schaffen oder wie du das noch Jahre aushalten sollst.
- Du fühlst dich in deiner Situation gefangen und hoffnungslos.

- Dinge, die dir vorher Spaß gemacht haben, bringen dir keine Freude mehr oder erscheinen sinnlos.
- Am liebsten möchtest du einfach nur daliegen und nichts tun.

Antriebslosigkeit

Du hast keinen Antrieb, etwas zu tun.
Das kann sich so anfühlen:

- Du kommst morgens schwer aus dem Bett, am liebsten würdest du den ganzen Tag liegen bleiben.
- Es kostet dich große Überwindung, mit Tätigkeiten zu beginnen.
- Einfache Routineaufgaben wie Zähne putzen oder Geschirr wegräumen fallen dir sehr schwer.
- Dich selbst und dein Kind anzuziehen und aus dem Haus zu gehen, fühlt sich fast unmöglich an.

Suizidgedanken

Du hast Suizidgedanken.
Das kann sich so anfühlen:

- Du denkst manchmal darüber nach, dass du gar nicht aufwachen willst; jeder neue Tag ist für dich eine große Herausforderung.
- Dein Leidensdruck ist so groß, dass du oft an den Tod denkst und darüber, was wäre, wenn du nicht mehr da wärst.
- Du denkst darüber nach, dir das Leben zu nehmen.

Wenn du dich hier wiedererkannt hast und akute Suizidgedanken hast, wende dich bitte sofort an eine psychiatrische Notfallambulanz oder wähle 112.

Brauchst du sofort jemanden zum Reden oder schaffst es nicht, in eine Klinik zu gehen?

- Die Telefonseelsorge ist 24 Stunden pro Tag an 365 Tagen im Jahr erreichbar.
- Der Anruf ist kostenlos.
- Du kannst anrufen unter 0800 111 01 11 oder 0800 111 02 22 oder 116 123 oder mit jemandem chatten unter https://online.telefonseelsorge.de/
- Das Gespräch wird von geschulten und erfahrenen Personen diskret und vertraulich behandelt.
- Das Gespräch verläuft komplett anonym. Du musst keinen Namen hinterlassen und kannst nur das erzählen, was du möchtest.
- Der Anruf taucht in keiner Rechnung auf.

Du möchtest Hilfe bei der Suche nach Anlaufstellen?

- Du kannst auch unter (0800) 33 44 533 das Info-Telefon Depression anrufen, dort wirst du über Anlaufstellen informiert.

Unausgeglichenheit

Deine Gefühle pendeln schnell von einem Extrem ins andere.

Das kann sich so anfühlen:

- In einem Moment bist du glücklich oder energiegeladen, im nächsten sehr traurig oder gereizt.

- Du erlebst deine Gefühle ungewöhnlich stark: Geht es dir gut, ist alles absolut fantastisch und du glaubst gar nicht, dass es auch anders sein könnte. Geht es dir schlecht, fühlst du dich abgrundtief schlecht und bist sicher, dass das für immer so bleibt.

Wut

Du hast wütende Zwangsgedanken.
Das kann sich so anfühlen:

- Du hast aufdringliche, gewalttätige oder beunruhigende Gedanken, deinem Kind oder dir selbst absichtlich zu schaden, obwohl du dein Kind sehr liebst und nicht den Wunsch hast, diese Gedanken in die Tat umzusetzen.
- Du schämst dich für solche Gedanken, sie kommen aber immer wieder.

Reizbarkeit

Du bist schnell genervt von anderen: von deinem Partner, von Verwandten, von anderen Müttern oder von deinem Kind.
Das kann sich so anfühlen:

- Kommentare zu deinem Kind oder „eigentlich nett gemeinte“ Ratschläge von Verwandten bringen dich auf die Palme.
- Wenn dich etwas verärgert, kannst du nicht gelassen bleiben und explodierst.

- Du kannst die Wut nicht loslassen, du frisst in dich hinein, grübelst viel über die Situationen, die dich wütend gemacht haben, besonders vor dem Schlaf oder beim Stillen.
- Du führst innerlich Gespräche mit anderen und erfindest dabei Situationen, die nie passiert sind, die dich aber wütend machen.

Deine Schwangerschaft &
Geburtserfahrung
Sozialer
Rückzug
Beziehung zu
deinem Kind

Schwangerschaft & Geburtserfahrung

Du hast immer wieder Albträume oder im Wachzustand belastende, schlimme Flashbacks zur Schwangerschaft oder zur Geburt.

Das kann sich so anfühlen:

- Die Flashbacks werden durch etwas Konkretes ausgelöst oder passieren zufällig, ohne dass du es steuerst.
- Du vermeidest alles, was dich an die Geburt erinnert, zum Beispiel Gespräche oder Filme über Geburt, Krankenhäuser oder Personen und Orte, die mit der Geburt verbunden sind.
- Du gibst dir selbst die Schuld daran, wie die Geburt verlaufen ist oder dafür, dass du nicht in der Lage bist, diese Erfahrungen hinter dir zu lassen.

Beziehung zu deinem Kind

Du hast Schwierigkeiten, eine Beziehung zu deinem Kind aufzubauen.

Das kann sich so anfühlen:

- Du hast das Gefühl, dass du dein Kind nicht richtig lieben kannst.
- Du interessierst dich außerhalb deiner endlosen elterlichen Pflichten kaum für dein Kind.
- Du kannst dich schwer zu Wärme, Zuneigung oder Empathie zu deinem Kind durchringen.
- Du findest es schwierig, dich in dein Kind hineinzuversetzen und verstehst nicht, wie du auf die Gefühle oder Bedürfnisse deines Kindes reagieren sollst.

- Du fühlst dich mit diesen Gedanken und Fragen allein.
- Du fühlst dich von deinen Gedanken, Gefühlen und Körperempfindungen, deiner elterlichen Rolle und der Beziehung zu deinem Kind abgekoppelt.
- Du kannst nur wenig auf dein Kind reagieren oder dich über etwas freuen, was es macht, weil du dich emotional abgestumpft fühlst.
- Du scheinst kaum mehr starke Emotionen zu fühlen, alles passiert irgendwie weit weg von dir oder fühlt sich an, als würdest du nur zuschauen, wie es dir passiert.
- Du bist dir nicht mehr sicher, wer du selbst eigentlich bist.
- Oder genau andersherum: Du hast erhöhte Empathie.
- Du erlebst alle Gefühle deines Kindes extrem mit: Ist dein Kind hungrig, leidest du mit ihm gemeinsam und kannst dich nicht darauf konzentrieren, die Situation zu lösen (indem du zum Beispiel Essen zubereitest).
- Du bist orientierungslos in der Beziehung zu deinem Kind und ertappst dich dabei, maßlos nachgiebig oder streng zu sein.
- Du hast keinen inneren Kompass, wie du als Mutter eigentlich sein willst. Warst du zu lasch oder zu streng, fühlst du dich direkt danach schuldig und wertlos.

Sozialer Rückzug

Du vermeidest direkten Kontakt mit anderen Menschen. Das kann sich so anfühlen:

- Du fühlst dich einsam, auch während du mit Menschen Zeit verbringst, die du magst.
- Du ziehst dich von Freundinnen, Freunden und Familie zurück.
- Du hast Schwierigkeiten, mit anderen in Kontakt zu treten und neue Freundschaften zu schließen.
- Du hast kein Interesse mehr an sozialen Aktivitäten oder Hobbys und vermeidest Situationen, in denen du dich mit anderen Menschen unterhalten müsstest.

Angst
Kontrolle

Angst

Deine Grundstimmung ist ängstlich, auch ohne konkreten Grund.

Das kann sich so anfühlen:

- Du hast ständig (selbst in „normalen" Situationen) im Hinterkopf Angst oder Sorgen, dass deinem Kind etwas zustoßen wird.
- In jeder noch so sicheren Situation zeigt dein Kopf dir mit Nachdruck mögliche Unfallszenarien, Krankheiten oder plötzlichen Kindstod. Du denkst beispielsweise ständig daran, dass dein Baby vom Wickeltisch fallen oder im Schlaf ersticken könnte.
- Du hast ständig Angst vor Keimen, Schmutz, Giftstoffen und Krankheiten.
- Du hast ständig das Gefühl, alles mehrmals reinigen oder desinfizieren zu müssen.
- Du verhältst dich extrem vorsichtig und hast Schwierigkeiten, dein Kind an entwicklungsgemäßen Aktivitäten (zum Beispiel auf dem Spielplatz) teilhaben zu lassen oder (selbst kleine) Risiken einzugehen.
- Der Gedanke, mit deinem Kind allein Zeit zu verbringen oder das Haus zu verlassen, macht dir Angst. Du vermeidest diese Situationen.
- Du scannst ständig deine Umgebung nach möglichen Gefahrenquellen.
- Du bist leicht zu erschrecken.
- Du hast das Gefühl, dass andere Menschen dich oder dein Kind beobachten, euch etwas antun möchten. Du wirst dieses Gefühl nicht los, auch wenn du

scheinbar handfeste Beweise dafür bekommst, dass das nicht so ist.

- Du hast das Gefühl, dass du von niemandem damit ernst genommen wirst.
- Es fällt dir schwer, zwischen Realität und deinen Gedanken zu unterscheiden, du weißt nicht, ob das, was du hörst oder siehst, wirklich da ist.
- Du fühlst dich verwirrt und unsicher.

Zwanghafte Kontrolle

Du versuchst, die Realität deines Kindes komplett zu kontrollieren, um jegliche (noch so unwahrscheinliche) Risiken zu vermeiden.

Das kann sich so anfühlen:

- Du befürchtest ständig, dass deinem Kind etwas zustößt, wenn du nicht bestimmte Vorsichtsmaßnahmen konsequent einhältst.
- Du hast ein starkes Bedürfnis nach Ordnung, Symmetrie, Vorhersehbarkeit oder Kontrolle.
- Du hast starre Routinen, Bewegungen und Rituale für dich und dein Kind und fühlst dich ängstlich oder verzweifelt, wenn diese Routinen gestört werden.
- Es fällt dir schwer, Aufgaben zu delegieren oder die Hilfe anderer anzunehmen, da du das Gefühl hast, dass du die Einzige bist, die richtig für das Wohl des Kindes sorgen kann.
- Du hast das Gefühl, jeden Aspekt des Lebens deines Kindes kontrollieren zu müssen.

- Du bist deshalb komplett gestresst und erschöpft, kannst aber, obwohl es nötig wäre, trotzdem nicht entspannen oder dich erholen.

Überstimuliert &
Gereizt
Konzentration &
Gedächtnis

Reizüberflutung

Du bist empfänglich für äußere Reize und schnell überstimuliert.

Das kann sich so anfühlen:

- Du fühlst dich, als wären deine Nerven wund.
- Du reagierst extrem auf scheinbar „normale“ Dinge, zum Beispiel grelles oder flackerndes Licht, mehrere Geräusche oder Konversationen gleichzeitig, Hintergrundgeräusche oder sich wiederholende Geräusche, hohe Töne, bestimmte Gerüche, zu viel (oder überhaupt) Körperkontakt, bestimmte Texturen im Essen oder an Kleidung.
- Bist du in so einer Situation, fühlst du dich ängstlich oder gereizt. Du kannst dich auf nichts anderes konzentrieren, außer, diese Situation oder den Raum zu verlassen.
- Du meidest Orte, an denen es dir so geht (wie Bahnhof, Restaurant, Einkaufsstraße, Menschenmengen, Partys), obwohl dich das früher nicht gestört hat.
- Du reagierst auf Körperkontakt wie zum Beispiel Umarmungen, indem du zusammenzuckst oder dich zurückziehst.
- Du fühlst dich am Abend „überberührt“ oder „ausumarmt“ und möchtest nicht angefasst werden.
- Du bist schnell gereizt, auch wenn es keinen eindeutigen Auslöser gibt.
- Du bist dann leicht frustriert oder wütend auf dein Kind oder deinen Partner und hast Schwierigkeiten, deine Gefühle zu regulieren.

Konzentration und Gedächtnis

Es fällt dir schwer, dich zu konzentrieren oder dir Dinge zu merken.

Das kann sich so anfühlen:

- Es fällt dir schwer, dich zu konzentrieren, Entscheidungen zu treffen, aufmerksam zu sein, Aufgaben zu erledigen oder Gedanken zu Ende zu führen.
- Deine Gedanken rasen scheinbar unkontrolliert von einer Idee zur nächsten.
- Du hast das Gefühl, dass du nicht in der Lage bist, deine Gedanken zu verlangsamen oder zur Ruhe zu bringen. Oft sind das aufdringliche oder belastende Gedanken.
- Du vergisst häufig wichtige Details oder To-Dos wie regelmäßige Medikamenteneinnahme oder Abholzeiten.
- Es fällt dir schwer, pünktlich zu Terminen zu erscheinen, Zeitpläne einzuhalten und die Kinder pünktlich zur Schule zu bringen.
- Es fällt dir schwer, dir Dinge zu merken.
- Du kannst dich an wichtige Ereignisse aus der Vergangenheit oder ganze Zeitabschnitte nicht erinnern.

Schlaf & Erschöpfung
Alkohol & Sucht
Essen & Gewicht

Mangelnder Schlaf und Erschöpfung

Du hast Schwierigkeiten beim Schlafen.

Das kann sich so anfühlen:

- Du bist ständig übermüdet.
- Du schläfst nur in kurzen Häppchen.
- Selbst wenn du die Möglichkeit zum Schlafen bekommst, hast du Schwierigkeiten, einzuschlafen oder durchzuschlafen.
- Du liegst nachts wach und kannst nicht (wieder) einschlafen, weil du dir Sorgen um dein Kind machst oder die Ereignisse des Tages in deinem Kopf immer wieder abgespielt werden.
- Wenn du schläfst, ist der Schlaf sehr unruhig, nicht erholsam.
- Du hast Albträume.
- Du wachst morgens auf, fühlst dich überhaupt nicht erholt und musst dich aus dem Bett schleppen.
- Du hast keine Energie und findest es schwer, die Aufgaben des Alltags zu erledigen oder dich (selbst bei angenehmen Dingen) zu motivieren, aufzustehen.

Essen und Gewichtsprobleme

Dein Essverhalten ist kompliziert.

Das kann sich so anfühlen:

- Deine Gedanken kreisen ständig ums Essen beziehungsweise um dein Gewicht.
- Das kann in verschiedene Richtungen gehen, zum Beispiel denkst du eigentlich, dass du zu viel oder zu wenig isst, kannst das aber nicht beeinflussen.

- Im Stress isst du sehr viel, anschließend bereust du es.
- Oder du versuchst, möglichst wenig zu essen oder dein Gewicht über andere extreme Maßnahmen (wie Abführmittel oder Erbrechen) zu kontrollieren.
- Du nimmst deinen Körper extrem negativ wahr, du findest ihn hässlich oder abstoßend.
- Du spürst negative Auswirkungen von deinem Verhalten, beispielsweise brüchige Nägel oder Schwindelanfälle.
- Du schämst dich für dein Essverhalten oder deinen Körper und traust dich nicht, über dieses Thema mit dir nahestehenden Menschen oder einer Ärztin oder einem Arzt zu sprechen.

Alkohol und Sucht

Dein Konsum von Alkohol (oder anderen Substanzen) übersteigt „angemessene" Mengen.
Das kann sich so ausdrücken:

- Du trinkst häufig Alkohol oder konsumierst Drogen oder Medikamente (zum Beispiel Schmerztabletten oder Schlafmittel) außerhalb ihrer medizinischen Empfehlung.
- Du trinkst/konsumierst häufiger, als du es eigentlich vorhattest/möchtest.
- Du möchtest eigentlich aufhören oder weniger trinken/konsumieren, aber es klappt nicht.
- Deine Gedanken kreisen oft darum, wann du etwas trinken/konsumieren kannst.

- Wenn du nicht trinkst/konsumierst, geht es dir nicht gut.
- Das Trinken/Konsumieren hindert dich daran, deinen Aufgaben nachzugehen.
- Du trinkst/konsumierst nicht in deiner „Freizeit", sondern während du dich um deine Kinder kümmerst oder Auto fährst oder arbeitest.
- Du verträgst sehr viel, brauchst immer mehr, damit du eine Wirkung spürst.
- Du trinkst/konsumierst, weil es dir hilft, mit Stress oder deinen Emotionen zurechtzukommen.
- Du trinkst/konsumierst allein, versteckt vor anderen oder verschweigst die Menge.

Körperliche Signale

Körperliche Signale

Der Zustand deiner Psyche kann sich auch in deinem Körper bemerkbar machen.
Das kann sich so anfühlen:

- Du hast keine Motivation, dich um dich selbst zu kümmern.
- Am Ende des Tages hast du dich schon so viel um dein Kind gekümmert, dass du keine „Kümmer-Ressourcen" für dich selbst übrig hast.
- Du gibst irgendwann komplett auf, dich richtig wiederherzustellen und vernachlässigst dich und deine Bedürfnisse wie Schlaf, Bewegung, Hobbys und soziale Beziehungen.
- Du bemerkst körperliche Anzeichen ohne direkt erkennbare Ursache wie zum Beispiel:
  - Tinnitus, Klingen in den Ohren
  - Verschwommene Sicht
  - Hoher Blutdruck
  - Keine Energie, ständig erschöpft
  - Rückenschmerzen
  - Herzrasen, Herzklopfen
  - Gelenk- und/oder Gliederschmerzen
  - Kopfschmerzen
  - Schwindelgefühl, Kreislaufprobleme
  - Menstruationsschmerzen oder Krämpfe
  - Magenschmerzen
  - Schmerzen, Druckgefühl in der Brust
  - Schwierigkeiten beim Atmen, Kurzatmigkeit
  - Schmerzen oder Probleme beim Geschlechtsverkehr

- Übelkeit
- Blähungen, Verdauungsstörungen, Verstopfung, Durchfall
- Du bist ständig krank oder neigst zu Entzündungen und wirst Krankheiten nur schwer wieder los.

Gedanken zur Psychotherapie

Wie gesagt, erhebt die vorher genannte Liste keinen Anspruch auf Vollständigkeit und sowieso ist wahrscheinlich jede Erfahrung anders. Aber trotzdem zeigt allein die Anzahl der Symptome, wie viele Themen bereits bekannt sind und ernstgenommen werden sollten.

Vielleicht hast du dich irgendwo wiedererkannt, möglicherweise erlebst du eine Kombination aus den beschriebenen Zuständen oder keine der Beschreibungen umfasst dein Problem so richtig. So oder so: Wenn es dir in deiner Situation nicht gut geht, könnte eine Psychotherapie dein nächster Schritt sein. Es ist nicht schwach oder egoistisch, dir dafür Ressourcen wie Zeit oder Geld zu nehmen. Schließlich kannst du auch für dein Kind am besten sorgen, wenn du nicht selbst in Verzweiflung, Wut und Hilflosigkeit untergehst. Eine „sich aufopfernde", nicht um sich selbst kümmernde und am Ende nicht mehr „leistungsfähige" Mutter hilft deinem Kind am wenigsten.

Möglicherweise springt dein Kopf bei dem Gedanken an eine Psychotherapie aber erstmal zu den folgenden Reaktionen. Ich habe jeweils meine „Antwortgedanken" dazugeschrieben.

„Ich möchte niemandem mit einem echten Problem den Psychotherapieplatz wegnehmen. Ich bin ja nicht krank oder verrückt, ich muss das ohne Psychotherapie können, wie andere auch."

Postpartale psychische Störungen sind anerkannte Krankheitsbilder. Sie sind seit Jahren im *ICD-10* (einem weltweit anerkannten Klassifikationssystem für medizinische Diagnosen) gelistet. Die deutsche Version findest du in den Quellen, postpartale psychische Störungen stehen unter Code F-53.

Empfändest du es bei einer Freundin als ein Zeichen von Schwäche, wenn sie sich Hilfe sucht? Bei anderen werten wir es oft als Stärke, sich bei psychischen Problemen Hilfe zu suchen. Warum dann nicht auch bei uns selbst?

„Meine Probleme sind die Übermüdung und die endlosen Aufgaben im Elternalltag. Das nimmt mir ja keine Psychotherapie ab."

Stimmt. Aber eine Psychotherapie kann dabei helfen, dass du zwar weiterhin viel machst, aber dabei nicht zusätzlich Schuld, Verzweiflung und Machtlosigkeit spürst. Du kannst Strategien lernen, um mit der Überlastung besser umzugehen. Du kannst daran arbeiten, Depressionen oder Ängste zu vermindern, deine Beziehung zu dir selbst und zu deiner Familie zu verbessern. Es kann schon viel helfen, Zusatzbelastungen wie beispielsweise Schuldgefühle oder kreisende Gedanken aus dem Weg zu räumen, die viel Energie rauben. Mit einer außenstehenden Person kann es außerdem leichter fallen, Aufgaben zu priorisieren und umzuverteilen und effektive Hilfe im Alltag zu organisieren.

„Die Wartezeiten auf einen Psychotherapieplatz sind so lang. Bis ich einen Platz gefunden habe, habe ich es bestimmt schon selbst hinbekommen."

Wenn es dir schon länger (zum Beispiel über Monate) nicht gut geht, könnte es sich lohnen, anzufangen Schritte in Richtung Therapieplatz zu unternehmen. Wenn es dir schon besser geht, bevor du den Platz bekommst, kannst du den Platz einfach wieder abgeben.

„Meine Gedanken sind so düster und unschön, dass ich mich schäme, das einer fremden Person zu erzählen."

Psychotherapie ist grundsätzlich ein wertfreier Raum, in dem genau solche Gedanken zutage kommen dürfen. Psychotherapeut*innen sind darin geschult, Menschen zu helfen, sich auch in schwierigen Gesprächen sicher zu fühlen. Außerdem sind sie an strenge Vertraulichkeitsvorschriften gebunden. Es hat mich sehr viel Überwindung gekostet, meiner Psychotherapeutin meine dunkelsten Gedanken zu beichten, weil ich mir sicher war, dass sie mich zur schlimmsten Mutter der Welt machen und sofort das Jugendamt anrufen würde. Als ich mich dann getraut habe, war es sehr erleichternd, von einer professionellen Person zu hören, dass das ganz häufig auftretende Gedanken sind. Dann haben wir zusammen damit einen Umgang gesucht und stückchenweise gefunden.

„Eine Psychotherapie kann ich mir zeitlich (und finanziell) nicht leisten.“

Eine Psychotherapie erfordert zwar Zeit und Ressourcen, kann dir aber helfen, deine (psychische) Gesundheit zu verbessern, was dich wiederum belastbarer, leistungsfähiger und einfach ausgeglichener macht. Außerdem können unbehandelte psychische Probleme langfristig sogar teurer sein, da sie zu Arbeitsausfällen, Beziehungsproblemen und körperlichen Gesundheitsproblemen führen können. Vielleicht gibt es gerade auch etwas, wofür du Zeit oder Geld „ausgibst“, was dich aber nicht voranbringt?

„Ich glaube, ich habe so viele Probleme, ich schaffe es gerade noch, zu funktionieren. Ich habe Angst, was passiert, wenn wir anfangen, etwas daran zu verändern. Was ist, wenn dann alles zusammenbricht?“

Eine Psychotherapie kann helfen, alle Themen gemeinsam zu sortieren und einen Überblick zu bekommen, was überhaupt los ist. Danach werden behutsam einzelne Themen bearbeitet und aufgelöst. Alles in dem Tempo, das du gerade brauchst, und nichts geschieht gegen deinen Willen. Es erwartet niemand von dir, dass du auf einmal alles änderst. Du wirst beim kompletten Prozess begleitet und kannst die Geschwindigkeit mitsteuern.

„Ich war früher schonmal in Psychotherapie, das hat nicht funktioniert."

Es ist möglich, dass der/die vorherige Psychotherapeut*in oder der therapeutische Ansatz nicht gut zu dir gepasst hat. Möglicherweise haben sich auch deine Lebensumstände und wahrscheinlich du selbst seitdem verändert, sodass sich ein neuer Versuch lohnen kann. Auch wenn eine Psychotherapie dein Problem nicht komplett gelöst hat, kann sie Erkenntnisse oder Werkzeuge liefern, auf denen du aufbauen kannst.

Obwohl die Psychotherapie für mich der Wendepunkt war, war sie trotzdem kein magisches Mittel, das alles repariert hat. Die Psychotherapie hat mir aber Ressourcen freigeschaufelt, das selbst zu tun.

Vor der Psychotherapie (beziehungsweise bis sie nach einer Weile angefangen hat zu „wirken") war ich ständig geflutet von meinem Selbstkritik-Verzweiflungs-Übermüdungs-Zustand. Trotzdem hat der kleine Teil meines Gehirns, der noch über dem Gefühlsmeer schwamm, versucht, alle anfallenden Aufgaben von mir als Person, Mutter, Arbeitnehmerin, Partnerin und Freundin zu schaffen. Ich konnte mich aber kaum konzentrieren. Ich wollte Zeit zum Heilen und habe darum versucht, möglichst schnell mit meinen Aufgaben fertig zu sein. Ich habe mir dadurch oft mehr Arbeit gemacht: Ich habe mein Essen anbrennen lassen, weil ich vier Minuten Nudelkochzeit als Sofazeit nutzen wollte und musste danach den gesamten eingebrannten Herd putzen. Ich habe mit einer Wäscheladung alle Wollsachen schrumpfen lassen und musste unsere gesamten Wintersachen komplett neu organisieren. Mein Kopf war zu voll und von meinem Zustand geflutet, um einen normalen Alltag zu schaffen.

Dank der Psychotherapie verschwand nicht sofort alles, aber die Wellen wurden niedriger. Ich konnte mich im „Flutzustand“ schneller, klarer und glaubwürdiger daran erinnern, dass es oft gut aushaltbare und sogar viele schöne Zeitstücke gab. Mit der Zeit wurden die schönen Phasen immer länger und vorhersehbarer, bis sie irgendwann zum Normalzustand wurden, in denen es nur gelegentliche, seichte Tiefphasen gab.

Das gab mir endlich genug Kopfraum, um meinen Alltag in eine Form zu bringen, den ich langfristig aufrechterhalten kann und der oft richtig schön ist.

Was noch helfen kann

Ich habe parallel zur Therapie auch viel ausprobiert und für mich gelernt, wo ich auf meine Fragen hilfreiche Antworten bekomme (in meinem Fall: eine *Facebook*-Gruppe für highly sensitive parents) und wo nicht. Aus meiner Erfahrung und der Erfahrung einiger Eltern, die es aus einer ähnlichen Situation herausgeschafft haben, habe ich im Folgenden Vorschläge zur positiven Veränderung für dich gesammelt, die sinnvoll sein können, wenn es dir nicht gut geht (unabhängig davon, ob du beschlossen hast, eine Psychotherapie zu versuchen, oder vorher noch andere Optionen ausprobieren willst).

Einige dieser Vorschläge haben mich entlastet. Keiner davon war der Wunderschlüssel (sonst würde er im ersten Kapitel stehen und ich wäre reich) und nichts davon gibt dir sofort haufenweise freie Zeit oder komplette Entlastung. Obwohl ich maximalistisch bin und auch etwas ungeduldig, bin ich mittlerweile aber bereit, auch stückchenweise (manchmal viertelstundenweise) Zeiten freizuräumen, anstatt auf eine große Veränderung zu warten. Die Entlastungen summieren sich bis zum Abend trotzdem (andersherum summieren sich ansonsten alle kleinen, nicht-abgegebenen Aufgaben bei dir).

Das bedeutet natürlich auch nicht, dass du, wenn du diese Dinge probierst und sie nicht helfen, dich nicht genug angestrengt hast. Es ist als Vorschlag gedacht und als Denkanstoß, deine eigenen Verbesserungen zu finden.

Körperwerte checken

Möglicherweise wird dein psychischer Zustand durch deinen physischen Zustand erzeugt oder verschlimmert. Du kannst bei deiner Ärztin oder deinem Arzt ein Blutbild machen lassen oder ein Labor für zum Beispiel eine Analyse einer Haarprobe nutzen. Wenn du weißt, was genau dir fehlt, kannst du das gezielt (am besten begleitet durch eine Fachperson) angehen. Damit du nicht mit einer Standarduntersuchung und „Frauen haben eben immer einen niedrigen Blutwert" abgewimmelt wirst, recherchiere vorher, welche Werte bei dir wichtig sein könnten. Ich hatte zum Beispiel Müdigkeit, hohes Stressempfinden und Haarausfall als Anhaltspunkte genommen und darum auf folgende Werte geachtet:

- Müdigkeit: Eisen, Vitamin D, Vitamin B12, Schilddrüsenwerte
- Hohes Stressempfinden: Magnesium, GABA (Gamma-Aminobuttersäure)
- Haarausfall: Vitamin C, D, E, Biotin, Zink

Geräusche reduzieren

Wenn du schnell von zu lauten oder schrillen oder ständigen Geräuschen gestresst bist, könnten geräuschfilternde Ohrstöpsel helfen. Im Vergleich zu normalen Ohrstöpseln, die zwar die Lautstärke verringern, aber auch

Gespräche dämpfen, filtern spezielle Ohrstöpsel selektiv. Sie entfernen Hintergrundgeräusche und besonders hohe Töne, du kannst dich aber trotzdem ganz normal unterhalten und alles verstehen. Es gibt verschiedene Hersteller und Ausführungen, mit denen du auch schlafen kannst.

Besser schlafen

Bei mir hängt Schlafmangel direkt mit Mutlosigkeit zusammen. Wenn ich drei oder vier Nächte lang nicht (gut genug) schlafe, weiß ich schon, dass ich unausgeglichen und schnell verzweifelt sein werde. Diese Sachen können helfen:

- **Schlafberatung**, bei der Expert*innen mit euch gemeinsam Lösungen für mehr Erholung für alle suchen. Meistens seht ihr schon auf der Internetseite, ob ihr vom Erziehungsstil her zueinander passt.
- **Abwechselnd „Nachtdienst“**, damit wenigstens der Elternteil, der nicht dran ist, gut schläft, dann auch gern mit Ohrenstöpseln und ohne Verantwortung.
- **White Noise**: beruhigendes, gleichmäßiges Hintergrundrauschen. Gibt es als Maschine, aber auch einfach auf *Youtube*.
- **Gewichtsdecken (weighted blanket)**: Solltest du sehr unruhig sein und nicht zur Ruhe kommen, kann die Schwere der Decke beruhigend wirken. Wenn du das bei deinem Kind ausprobieren willst, sprich am besten vorher einmal mit eurer Kinderärztin oder eurem -Arzt.

Wunschgroßeltern und hilfsbereite Nachbarn finden

Nicht alle haben Familie oder Freund*innen in der Nähe, die bei der Betreuung oder im Haushalt helfen können. Gleichzeitig gibt es Menschen, die Familien gern unterstützen wollen. Über Nachbarschafts-Apps oder spezielle Plattformen kommen Familien und Wunschgroßeltern zusammen und vereinbaren, wie dieses Zusammenspiel aussieht.

Weniger im Haushalt arbeiten

Das „bisschen Haushalt" macht sich überhaupt nicht von alleine. Und da du schon ein Kind versorgst a.k.a. ausgelastet bist, macht es Sinn, möglichst viele Aufgaben im Haushalt abzugeben. Wie viel du abgeben kannst, hängt natürlich auch davon ab, ob du die finanziellen Möglichkeiten beispielsweise für eine Reinigungskraft hast. Vielleicht hast du die Möglichkeit, etwas davon auszuprobieren:

- Wünsche dir bei Fragen nach „Was kann ich deinem Kind schenken?" (Hallo, extra Mental load!) **Gutscheine** für Dinge, die dir etwas abnehmen, zum Beispiel für Lieferdienste für Lebensmittel, Wochenbettcatering, Biokisten-Abos, gesunde Fertiggerichtelieferungen, Online Plattformen für Reinigungsdienstleistungen, etc.
- Je weniger belastet du bist, desto besser für dein Kind.
- Je nach Situation bezahlt die Krankenkasse für Familien mit Kindern eine **Haushaltshilfe**. Sprich dazu

direkt mit deiner Krankenkasse oder mit deiner Ärztin oder deinem Arzt, mehr als ablehnen können sie nicht.

Hilfe bei der Betreuung

Organisiere dir Unterstützung, damit die Zeit mit deinem Kind für euch beide schön ist. Das kann bedeuten, dass ihr gemeinsam an Aktivitäten teilnehmt (und du in der Zeit nichts organisieren oder ausdenken musst und „nur" ein bisschen mitmachst). Es kann auch bedeuten, dass du dein Kind regelmäßig in Betreuung oder zu Hobbykursen wie Sport, Malen, Tanzen etc. gibst (auch während du nicht erwerbsarbeitest), um in der gemeinsamen Zeit mehr Kraft zu haben. Das kann zum Beispiel so aussehen:

- Versuche, dich zeitlich zu entlasten, indem du beispielsweise eine vertrauensvolle Person aus der Nachbarschaft für „Elterntaxi"-Aufgaben findest, du dich mit befreundeten Familien mit Playdates für die Kinder abwechselst oder Freund*innen und /Familie regelmäßig ein paar Stunden dein Kind übernehmen.
- Es gibt in den meisten Städten Angebote von nichtkommerziellen Trägern wie der *AWO,* dem *Deutschen Roten Kreuz,* der *Volkshochschule* oder anderen Familienbildungswerken, die häufig günstig oder kostenfrei sind. Viele Familienbildungswerke bieten auch Eltern-Kind-Wochenenden oder sogar Urlaube an. Dabei muss meistens nicht gekocht werden und es gibt Programm mit Eltern und ohne. Diese Angebo-

te sind meistens günstiger als Urlaube in „normalen Hotels".

- Es gibt ehrenamtliche praktische Hilfen zum Beispiel von der Initiative wellcome gGmbH. Ehrenamtliche unterstützen (fast) kostenlos und unbürokratisch Familien im ersten Jahr, zum Beispiel durch kurze regelmäßige Betreuung deines Kindes.

Eltern-Kind-Kur

Die Krankenkasse bezahlt je nach Fall (zum Beispiel bei starker Erschöpfung, Kopf- und Rückenschmerzen, Abgeschlagenheit, Unruhe- und Angstgefühlen, Magen-Darm-Problemen oder Schlafstörungen) eine Eltern-Kind-Kur. Das sind mehrere Wochen in einer Unterkunft, in der für euch gekocht und der Haushalt übernommen wird, es gibt Kinderbetreuung und Erholungsangebote für Eltern. Sprich mit deiner Krankenkasse, um das zu organisieren. Du musst dafür keine Urlaubstage nehmen, das ist eine Rehabilitationsmaßnahme.

Krankschreibung

Nach Absprache mit deiner Ärztin oder deinem Arzt kannst du dich bei Erschöpfung oder psychischen Problemen bis zu sechs Wochen krankschreiben lassen (für Angestellte bei fortlaufender Bezahlung, bei Selbstständigen je nach Vertrag mit der Krankenkasse). Das löst langfristig keine Probleme, kann dir aber Raum geben, durchzuatmen und einen Plan zu machen.

Psychotherapeutische Sprechstunde, Schwangerenberatungsstellen, psychosoziale Beratungsstellen und sozialpsychiatrische Dienste

Es geht dabei um eine erste unverbindliche Einschätzung, ob und welche Hilfe notwendig ist. Auch wenn du dir ansonsten angewöhnt hast, den Eindruck zu erwecken, dass alles unter Kontrolle ist, kannst du hier frei und ehrlich sagen, wie es ist. Gemeinsam mit den Berater*innen überlegt ihr, wie die nächsten Schritte aussehen könnten. Die Beratungsstelle gibt eine Empfehlung ab, aber am Ende zählt dein Bauchgefühl. Meistens sind diese Beratungsstellen ohne lange Wartezeiten, kostenlos und ohne Überweisung nutzbar.

Abschluss

Ich kann mir vorstellen, dass du dich jetzt trotzdem nicht komplett startklar fühlst, um sofort deine Themen anzupacken. Das ist okay. Aber vielleicht hast du dich an der einen oder anderen Stelle einfach verstanden gefühlt oder in meiner Erfahrung wiedergefunden (oder an manchen Stellen sogar gefreut, dass du zumindest Symptom A oder B nicht hast).

Viele der gelisteten Symptome können mit der richtigen Hilfe deutlich reduziert werden oder komplett verschwinden. Wahrscheinlich wird es dabei Aufs und Abs geben, aber wenn du einmal ein Tool für dich gefunden hast, das dir hilft, kannst du in den Abs immer wieder darauf zugreifen. Ich mache zum Beispiel auch nach Ende der Psychotherapie ab und an noch einzelne Sessions in schwierigeren Phasen. Irgendwann stellen sich immer längere „OK-Phasen" ein, bis sie zum neuen Normalzustand werden.

Dein „Es geht mir nicht gut" ist echt und ernstzunehmen. Aber es ist trotzdem keine unveränderbare Tatsache, sondern ein Zustand, der sich wieder ändern und verbessern kann. Selbst wenn du das Gefühl hast, bis jetzt keine „gute" oder zufriedene Mutter zu sein und dir Sorgen über die Beziehung mit deinem Kind machst: Sowohl du als Mutter, als auch dein Kind – ihr wachst gemeinsam. Dazu gibt es sogar den Begriff Muttertät. Er beschreibt den tiefgreifenden Prozess des Mutterwerdens und verdeutlicht, dass es eine große Entwicklungsphase ist, die nicht immer glatt läuft oder einfach ist und alle Unterstützung verdient.

Unabhängig davon, was aktuell zu deinem Zustand führt: Du hast die Chance, zu lernen, damit umzugehen und deinem Kind vorzuleben, aus solchen Situationen herauszukommen, anstatt diese Belastung weiterzugeben.

Darum hoffe ich, dass du nicht aufhörst, nach der Konstellation in eurem Familien-Kosmos zu suchen, in der es dir gut geht und die du die nächsten Jahre stabil aufrechterhalten und sogar genießen kannst.

Danke

Danke an meine Lieben Kira und Slava für ihre Geduld, bis ich in meine Rolle hineingewachsen bin, und für unseren gemütlichen Familienkosmos, an Elias für alle Hilfestellungen am Buch und nicht am Buch. Danke an meine Eltern, Großeltern und an meine Urgroßmutter für unsere besondere Familie und besonders die Liebe zu Büchern. Danke an Nici, Laura, Fritzi, Shana, Simon, David, Roberta, Olga, Marijka, Vivi, Mischa und das damalige Bananas-Team dafür, dass ich keine gute postsowjetische Braut geworden bin. Danke an Anna B. für deine (Mutter)freundschaft. Danke an Nastja fürs Mitfiebern. Danke an Alina und Alex für den ersten Funken zum Buch.

Danke an Anna Zakharova für die Psychotherapie als Wendepunkt, Rebecca Camen für die einfühlsamen Illustrationen und das Dabeibleiben, Julia Ditschke für das erste Lektorat und die Begleitung, Sabine Surholt und Alina Steinberg für die bestärkenden Vorworte, Bess Gutmacher für das wundervolle Feedback, Katja Rub für das schöne Layout, Jennifer Schenk für die Pressearbeit und an Anne Friebel für das Zuhause des Buchs bei Palomaa Publishing.

Quellen

Aaron T. Beck, Gregory K. Brown, Robert A. Steer: Beck-Depressions-Inventar-FS (BDI-FS). Manual. Deutsche Bearbeitung von Sören Kliem & Elmar Brähler. Pearson Assessment, Frankfurt am Main, 2013.

Acevedo, B. P., Aron, E. N., Aron, A., Sangster, M. D., Collins, N. & Brown, L. L. (2014). The highly sensitive brain: an fMRI study of sensory processing sensitivity and response to others' emotions. *Brain and behavior,* 4(4), 580–594.

Arbeitsgemeinschaft für Methodik und Dokumentation in der Psychiatrie (AMDP) (Hrsg.): Das AMDP-System (9783840931574). © 2023 Hogrefe Verlag, Göttingen.

Aron, E. N., Aron, A., Nardone, N. & Zhou, S. (2019). Sensory processing sensitivity and the subjective experience of parenting: An exploratory study. *Family Relations,* 68(4), 420–435.

Aron, E. N., Aron, A. & Jagiellowicz, J. (2012). Sensory processing sensitivity: A review in the light of the evolution of biological responsivity. *Personality and Social Psychology Review,* 16(3), 262–282.

Benham, G. (2006). The highly sensitive person: Stress and physical symptom reports. *Personality and individual differences,* 40(7), 1433–1440.

Bruno, A., Laganà, A. S., Leonardi, V., Greco, D., Merlino, M., Vitale, Triolo, O., Zoccali, R. & Muscatello, M. R. A. (2018). Inside–out: the role of anger experience and expression in the development of postpartum mood disorders. The Journal of Maternal-Fetal & Neonatal Medicine, 31(22), 3033–3038.

Chapman, S. L. C. & Wu, L. T. (2013). Postpartum substance use and depressive symptoms: a review. Women & health, 53(5), 479–503.

Dilling, H., Mambour, W. & Schmidt, M.H. (2005). Internationale Klassifikation psychischer Störungen, ICD-10 V (F). Klinisch-diagnostische Leitlinien. Bern: Huber.

https://www.dimdi.de/static/de/klassifikationen/icd/icd-10-gm/kode-suche/htmlgm2022/block-f50-f59.htm (aufgerufen am 26.08.2023)

https://www.dimdi.de/static/de/klassifikationen/icd/icd-10-gm/kode-suche/htmlgm2023/block-f10-f19.htm (F10.1) (aufgerufen am 26.09.2023)

Glise, K., Ahlborg, G. & Jonsdottir, I. H. (2014). Prevalence and course of somatic symptoms in patients with stress-related exhaustion: does sex or age matter. *BMC psychiatry,* 14, 1–13.

Grekin, R. & O'Hara, M. W. (2014). Prevalence and risk factors of postpartum posttraumatic stress disorder: a meta-analysis. Clinical psychology review, 34(5), 389–401.

Gupta, M. A. (2013). Review of somatic symptoms in post-traumatic stress disorder. *International review of psychiatry,* 25(1), 86–99.

Halcomb, E., Fernandez, R., Mursa, R., Stephen, C., Calma, K., Ashley, C., … & Williams, A. (2022). Evaluation of the Brief COPE scale and exploration of coping among primary healthcare nurses' during COVID-19. Journal of Nursing Management.

Horesh, D., Garthus-Niegel, S. & Horsch, A. (2021). Childbirth-related PTSD: is it a unique post-traumatic disorder?. Journal of Reproductive and Infant Psychology, 39(3), 221–224.

Hull, L., Lai, M. C., Baron-Cohen, S., Allison, C., Smith, P., Petrides, K. V. & Mandy, W. (2020). Gender differences in self-reported camouflaging in autistic and non-autistic adults. Autism, 24(2), 352–363.

Hull, L., Mandy, W., Lai, M. C., Baron-Cohen, S., Allison, C., Smith, P. & Petrides, K. V. (2019). Development and validation of the camouflaging autistic traits questionnaire (CAT-Q). Journal of autism and developmental disorders, 49, 819–833.

Kapfhammer, H. P. (2022). Somatic symptoms in depression. *Dialogues in clinical neuroscience.*

Klompenhouwer, J. L., Van Hulst, A. M., Tulen, J. H. M., Jacobs, M. L., Jacobs, B. C. & Segers, F. (1995). The clinical features of postpartum psychoses. European psychiatry, 10(7), 355–367. (Angst)

Kocalevent, R. D., Hinz, A. & Brähler, E. (2013). Standardization of a screening instrument (PHQ-15) for somatization syndromes in the general population. BMC psychiatry, 13, 1–8.

Lanczik, M. & Brockington, I. F. (1999). Das postpartale dysphorische Syndrom. *Fortschritte der Neurologie· Psychiatrie,* 67 (02), 60–67.

Mikolajczak, M. & Roskam, I. (2020). Parental burnout: Moving the focus from children to parents. New directions for child and adolescent development, 2020(174), 7–13.

Ohashi, Y., Kitamura, T., Sakanashi, K. & Tanaka, T. (2016, August). Postpartum bonding disorder: factor structure, validity, reliability and a model comparison of the postnatal bonding questionnaire in Japanese mothers of infants. In Healthcare (Vol. 4, No. 3, p. 50). MDPI.

Piotrowski, K., Bojanowska, A., Szczygieł, D., Mikolajczak, M. & Roskam, I. (2023). Parental burnout at different stages of parenthood: Links with temperament, Big Five traits, and parental identity. Frontiers in Psychology, 14, 1087977.

Quinn, P. O. & Madhoo, M. (2014). A review of attention-deficit/hyperactivity disorder in women and girls: uncovering this hidden diagnosis. *The primary care companion for CNS disorders,* 16(3), 27250.

Riecher-Rössler, A. (2006). Was ist postpartale Depression?. In: Wimmer-Puchinger, B., Riecher-Rössler, A. (eds) Postpartale Depression. Springer, Vienna.

Roskam, I., Aguiar, J., Akgun, E., Arikan, G., Artavia, M., Avalosse, H., … & Mikolajczak, M. (2021). Parental burnout around the globe: A 42-country study. Affective science, 2(1), 58–79.

Turner, K. A., Cohn, E. S. & Koomar, J. (2012). Mothering when mothers and children both have sensory processing challenges. *British Journal of Occupational Therapy, 75*(10), 449–455.

Wenzel, A., Haugen, E. N., Jackson, L. C. & Brendle, J. R. (2005). Anxiety symptoms and disorders at eight weeks postpartum. Journal of anxiety disorders, 19(3), 295–311.

Williamson, J. A., O'Hara, M. W., Stuart, S., Hart, K. J. & Watson, D. (2015). Assessment of postpartum depressive symptoms: the importance of somatic symptoms and irritability. Assessment, 22(3), 309–318.

Wisner, K. L., Peindl, K. S., Gigliotti, T. & Hanusa, B. H. (1999). Obsessions and compulsions in women with postpartum depression. Journal of Clinical Psychiatry, 60(3), 176–180.

Zambaldi, C. F., Cantilino, A., Montenegro, A. C., Paes, J. A., de Albuquerque, T. L. C. & Sougey, E. B. (2009). Postpartum obsessive-compulsive disorder: prevalence and clinical characteristics. Comprehensive psychiatry, 50(6), 503–509.

Mitwirkende am Buch

Autorin Anna Aptus

Anna Aptus (sie/ihr) wurde 1989 in St. Petersburg/Russland geboren, ist aber in Stuttgart aufgewachsen. Sie sucht Dinge mit gesellschaftlichem Sinn und arbeitet daran, dass Inhalte im Internet für Menschen mit Behinderungen besser zugänglich werden.

Sie wurde postsowjetisch mit sehr viel Liebe zu Büchern erzogen und durch Freund*innen und Reisen feministisch geprägt.

Sie lebt mit ihrem Partner und ihrer kleinen Tochter zusammen. Ihre persönlichen Erlebnisse als Mutter hat sie in diesem Buch verarbeitet.

Psychologische Psychotherapeutin Alina Steinberg

Alina Steinberg hat an der *Heinrich-Heine-Universität* in Düsseldorf Psychologie studiert und anschließend an der *Universität Bern* im Masterstudiengang die Ausbildung zur Psychologischen Psychotherapeutin mit dem Schwerpunkt kognitive Verhaltenstherapie absolviert. Parallel zur Ausbildung hat sie als Psychologin und wissenschaftliche Mitarbeiterin an den *Kliniken Essen-Mitte* an einer Studie zur Rolle inflammatorischer Prozesse auf die Entstehung, den Verlauf und die Behandlung von uni- und bipolaren Depressionen geforscht. Ihre Erfahrungen als Psychotherapeutin hat sie am *Zentrum für Psychotherapie Dortmund* und an der *Rheinhessen-Fachklinik Alzey* weiter vertieft.

Sie arbeitet heute als approbierte Verhaltenstherapeutin in der Hochschulambulanz für Psychotherapie und Neuropsychologie an der *Johann-Gutenberg-Universität Mainz*.

Sie lebt mit ihrem Ehemann und ihrer kleinen Tochter zusammen und konnte das Buch zusätzlich zur Erfahrung als Psychotherapeutin auch aus Perspektive einer jungen Mutter begleiten.

Schatten & Licht e. V. – Eine Initiative zu peripartalen psychischen Erkrankungen

Schatten & Licht e.V. wurde 1996 als bundesweiter, gemeinnütziger Verein von betroffenen Frauen als Selbsthilfe-Organisation zum Problemfeld der peripartalen (rund um die Entbindung auftretenden) psychischen Erkrankungen von Müttern wie peripartale Depression, Angst- und Zwangsstörung, Psychose und Geburtstrauma, gegründet.

Er ist dem weltweiten Netzwerk „Postpartum Support International“ und mehreren medizinischen Fachgesellschaften angeschlossen. Die Organisation wird von ehemals betroffenen Frauen und Fachleuten getragen und verfügt über einen interdisziplinären wissenschaftlichen Beirat.

Der Verein hilft betroffenen Müttern und ihren Familien auf vielfältige Weise. Es wird Infomaterial herausgegeben, in dem die betroffenen Frauen erste Erläuterungen zum Krankheitsbild, Angebote zu weiteren Informationen und Kontaktadressen zur Geschäftsstelle, zu telefonischer Beratung oder zur Website finden können. Außerdem wird eine Broschüre publiziert, die umfangreiche Informationen stellt.

Des Weiteren werden ein bundesweites Netz von ehrenamtlichen und geschulten Beraterinnen, (Online-) Selbsthilfegruppen – auch zu Schwerpunktthemen wie Schwangerschaftsdepression, traumatische Geburt oder Psychose – und eine therapeutisch geleitete Online-Therapie-Gruppe angeboten.

Eine Kontaktliste zu ehemals betroffenen Frauen ermöglicht ein niedrigschwelliges Gesprächsangebot, um von deren Erfahrungen zu profitieren.

Eine Angehörigen-Liste zum Erfahrungsaustausch, Angehörigen-Tipps, Angehörigen-Beratung und eine Online-Väter-Gruppe helfen, die familiäre Situation zu erleichtern.

Um gute professionelle Anlaufstellen zu vermitteln, führt der Verein eine Liste, in der zurzeit über 2.000 Fachleute verschiedenster Berufsgruppen aufgeführt sind, die sich mit der Problematik der peripartalen Erkrankungen näher auseinandergesetzt haben.

Darüber hinaus stellt der Verein ausführliche Informationen zu den Mutter-Kind-Einheiten an psychiatrischen Kliniken in Deutschland zusammen, in denen Mütter zusammen mit ihren Babys behandelt werden können, sie also – bindungsfördernd – nicht getrennt werden müssen. Der Verein bietet Vorträge und (Online-) Fortbildungen sowohl für die breite Öffentlichkeit als auch für Fachleute der verschiedensten Fachrichtungen an und unterhält die mehrsprachige Website www.schatten-und-licht.de, die umfangreiche Informationen zu der Thematik enthält, ein moderiertes Forum beinhaltet und sehr gut besucht wird.

Website: www.schatten-und-licht.de

Illustratorin Rebecca Camen

Rebecca Camen (sie/ihr) wurde 1998 im Ruhrgebiet geboren. Ihren Bachelor in Design absolvierte sie 2021 an der *FH Münster* und arbeitet seitdem als Designerin und freiberufliche Illustratorin. Mit viel Empathie und Liebe widmet sie sich vor allem gesellschaftlichen Themen — Ihre Bachelorarbeit „Heimweh Zuhause" befasst sich im Rahmen eines illustrierten Buches mit dem Thema Einsamkeit, schafft Sichtbarkeit und gibt Denkanstöße. Ihr expressiver Stil zeichnet ihre Arbeit aus und unterstreicht ihre Motive. So erschuf sie 2023 die Illustrationen und das Gesamtkonzept zur Produktreihe „Dino Friends", welche im Frühjahr 2024 durch den *Coppenrath Verlag* in der Edition *Die Spiegelburg* in den Handel kommen.

Website: www.rebeccacamen.de
Email: hallo@rebeccacamen.de
Instagram: @camenrebecca

Verlag Palomaa Publishing

Palomaa Publishing ist ein unabhängiger Verlag für inspirierende Bücher, eBooks und Art Prints von Autorinnen und Künstlerinnen. Unsere Mission ist es, Frauen und nicht-männlichen Personen eine Bühne zu geben. Wir bringen Bücher von Autorinnen auf den Markt und so der weiblichen Sicht auf die Dinge mehr Raum.

Palomaa Publishing veröffentlicht Bücher in den Bereichen Frauengesundheit, Gleichberechtigung, kritische Mutterschaft, Working Women, Female Entrepreneurship, Female Centered Products, persönliche Weiterentwicklung – und noch vieles darüber hinaus. Unser Fokus liegt auf Non-Fiction, vor allem Sachbuch und Ratgeber. Außerdem vertreiben wir hochwertige Drucke von Künstlerinnen sowie zeitlose Kalender und Guides.

Wir haben zudem das Netzwerk *The Female Publisher* gegründet für Frauen in der Verlags- und Programmplanung, sind Preistragende des Sächsischen Verlagspreises 2022 und veröffentlichen den Podcast „Die Bücher unserer Zukunft" über die Zukunft der Buchbranche.

Website: palomaapublishing.de
Instagram: @palomaa_publishing
Website: thefemalepublisher.com